Nue

Silabario

Ilustraciones: Carlos Busquets y Eduardo Trujillo

Depósito Legal M-40042-1981
Impreso en República Dominicana

O
oso
o o o o o
oca
oveja
o o o o o

avión

i
indio
i i i i i
imán
isla
i i i i i

uva

U U U U U

uno

uña

u u u u u

e
enano
e e e e e
elefante
espada
e e e e e

a
e
i
o
u
A
E I
O U
a A
E e
i I
O o
u U

mamá

ma	me	mi	mo	mu

mamá
mamá
mamá

mía
mío
mía

mamá

ema
amo
ama

mimí

Amo a mi **mamá**.

mamá

mimí

ema

mi mamá me mima

Mi mamá me ama.
Amo a mi mamá.
Mi mamá me mima.

Mamá;
mamá me ama,
mamá me mima;
amo a mi mamá.

papá

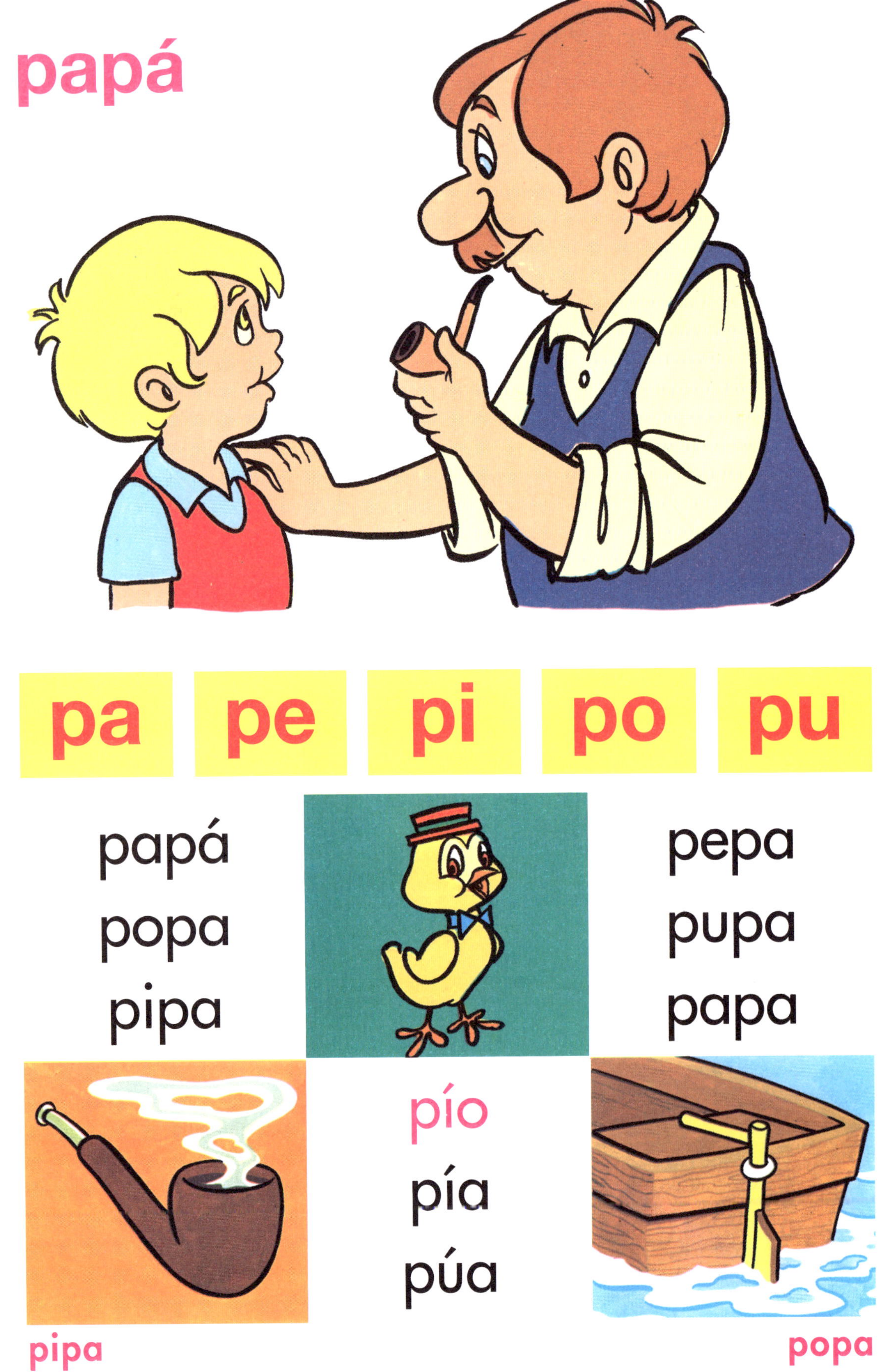

pa pe pi po pu

papá
popa
pipa

pepa
pupa
papa

pío
pía
púa

pipa

popa

Papá me ama.

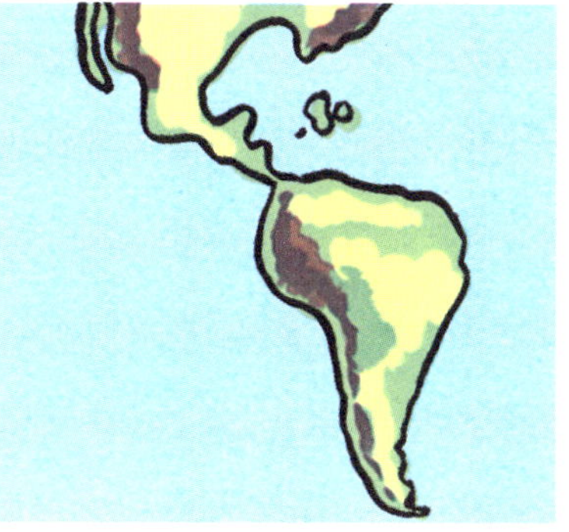

puma mapa pomo

Mi papá me mima.
Mi papá me ama.
Papá ama a mamá.

Papá,
papá me ama,
papá me mima,
papá mío.

sapo

sa so si se su

sapo
sopa
sima

piso
paso
peso

mesa
masa
misa

asa

oso

Ese sapo se asoma.

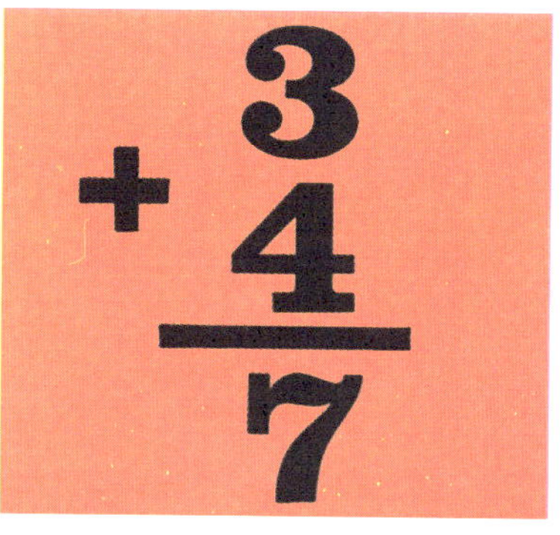

sopa suma pesa

me paseo paso a paso

Mamá usa mi mesa.
Papá usa su pipa.
Susi me puso sopa.

Ese oso
aseó su piso
y se pasea
paso a paso.

lima

li la lu lo le

lima
loma
lomo

sala
silo
solo

pala
pelo
pila

lupa

paloma

lola asea la sala

ala pila mula

la mula lame la lima

Mi papá usa la pala.
La mula se puso mala.
Pepe sale a la loma.

Lola se pasea,
pasea la loma,
pasea su mula
y pasea sola.

nene

ne	no	ni	nu	na

nene
nena
nana

mono
mino
mano

enano

luna
lona
lana

mono

Mi nene pone la mano.

pino uno lana

mi nena no me ama

La luna sale a la una.
La mona pisa la lona.
Mi nene no sale solo.

Ese nene mimoso
pone la mano
a una mona
enana.

tomate

to ta ti te tu

tono
tina
tuna

lata
lote
luto

topo
tapa
tipo

pato

pito

Tomasa asea a su patito.

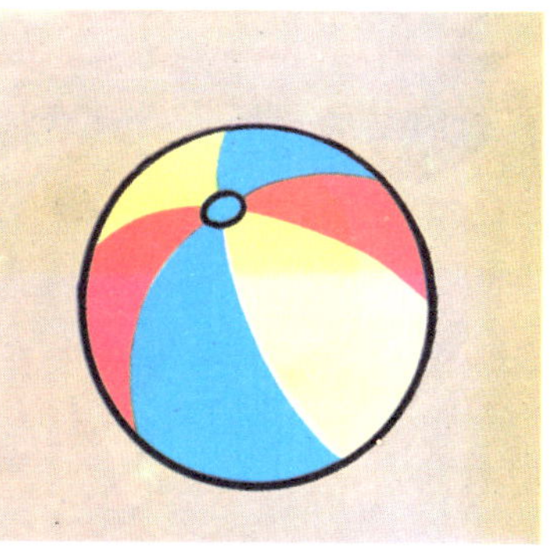

tina moto pelota

mi tío toma su té

Te puse una mala nota.
Papá patea la pelota.
Mi tía teme a la mula.

La pata toma té,
no toma nata;
pela ese tomate
y lame su patita.

dado

da de di do du

dado
duda
dedo

moda
mido
muda

moneda

nido
nudo
nada

nudo

Adela mide su dedo.

nada

dama

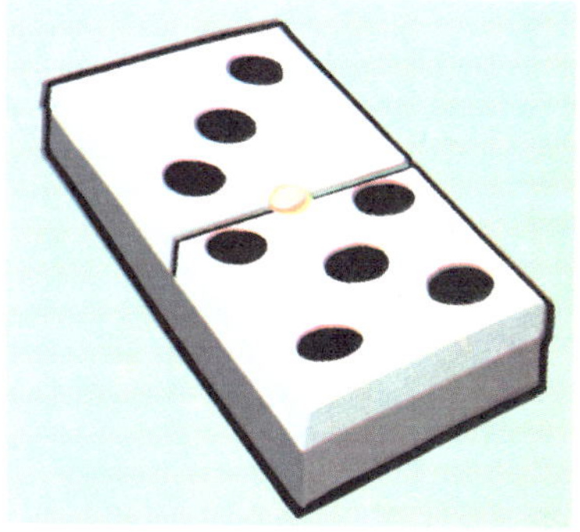

dominó

dame una moneda

La nena mide la seda.
Mi mamá sale de misa.
La dama no toma nada.

La dama me saluda,
me da la mano,
pasa a la mesa,
me pide soda.

aro

ro ra ri re ru

aro
era
oro

paro
pera
puro

toro
tira
tiro

puro

loro

Nora pide la sopera.

mariposa *pera* *marinero*

ese toro no me mira

Dame una pera madura
Mira mi arete de oro.
Ese marino era minero.

Dime, torero,
¿morirá el toro?
-Sí, nenita, morirá...,
si a la arena sale.

rosa

ro	ra	re	ri	ru

rosa
ruso
risa

rama
remo
ramo

rata

perro
parra
porra

ropa

La ratita mira una rosa.

rama

risa

torre

la rata roe la madera

Papá repara la perrera.
La rana mira la torre.
Mi tío ara su terreno.

¡Arre mulita!
¡arre, arre, arre!
a tu lomita,
mulita mía.

21	22	23	24	25
26	27	28	29	30

casa

ca co cu que qui

casa
cosa
caso

cara
coro
cura

carreta

queso
queda
quita

cuna

Paquito come poco queso.

copa paquete cámara

no me quite mi paquete.

Mamá cose a máquina

Me queda poco queso.

Papá quema una carreta.

Ese enano ¡mocoso!
se cae,
seca su ropa,
tapa la cama,
come queso.

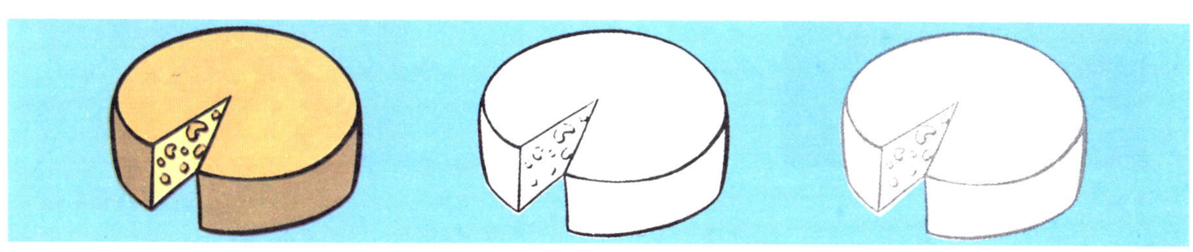

niño

ño ñe ñi ña ñu

niño
niña
piña

caño
caña
cuña

araña

peña
paño
puño

muñeca

Toñi lima su uña.

niña leño piña

la señorita me riñe

La niña se quemó la uña.
Mi cuñada quema la leña.
Mañana comeré una piña.

Si la niña
me da la muñeca,
pasado mañana
le daré una piña.

Vaquero visita mi viñedo.

vela

vaquero

se va la nave a vela.

Viva la niña de moño.

De la uva se saca vino.

La vicuña come avena.

¡Viva la uva,
viva la vida,
viva la viña,
viva papá!

baño

ba be bi bu bo

baño
boca
beso

bote
bata
bota

burro
berro
barro

banana

bota

Benito bebe una copa de uva.

lobo

bote

cubo

me baño a menudo

No abuse de la bebida.
Mi rebaño va a la loma.
La nena me debe una bola.

—Tía ¿tu bebé come?
—Sí, mi bebé come;
come nabo, berro,
banana y bacalao.

  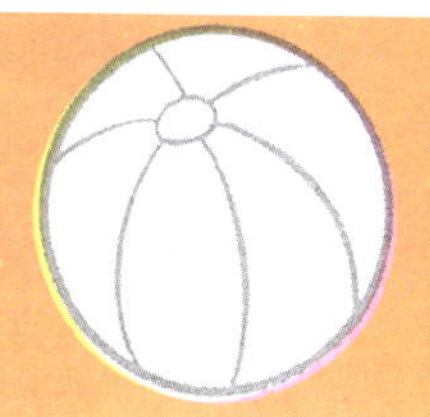

gato

gui gue gu go ga

gato
gula
gota

miga
vago
viga

gorra

guerrero
guitarra
guiño

águila

Mi gato va a la laguna.

gusano mago guitarra

te regalo mi gato

Mi equipo ganó la copa.
Guerra: gui, gue, gui, gue.
Mi amigo toca guitarra.

Mi gato goloso
come mi guiso,
se pone la gorra,
se va de paseo.

31	32	33	34	35
36	37	38	39	40

yate

ya yu yo ye y

yate
yugo
yeso

mayo
boya
yodo

payaso
cayado
bayeta

yema

rayo

Pepe come poca yema.

yoyó boya yugo

yo ayudo a mi mamá

Se cayó la bola de yeso.
Ese yoyó no era tuyo.
Me comí toda la yema.

Ese payaso bobo
se ríe de todo,
sube a su yate
y se pone yodo.

hada

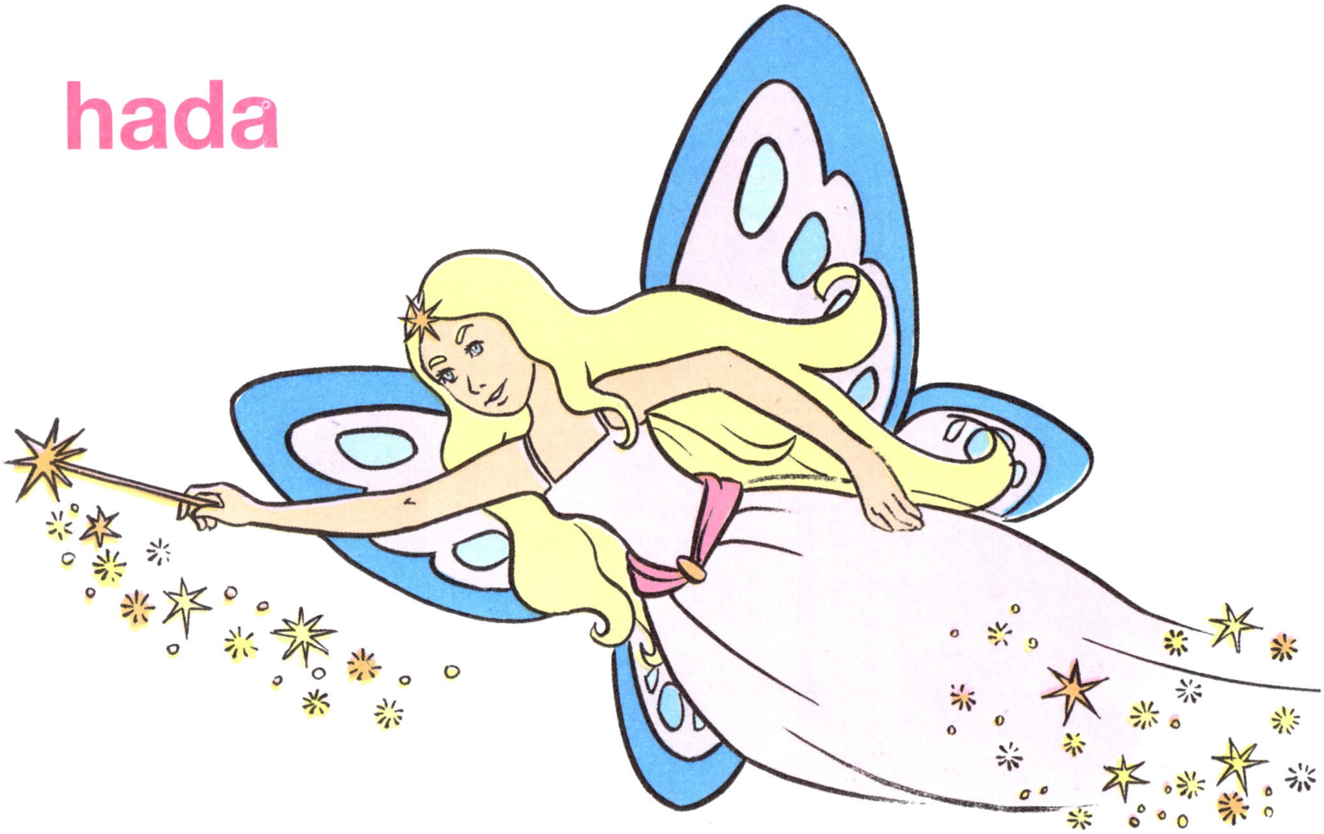

ha	hi	ho	hu	he

hada
heno
hipo

haba
higo
hora

humo

hilo
hule
hoyo

cohete

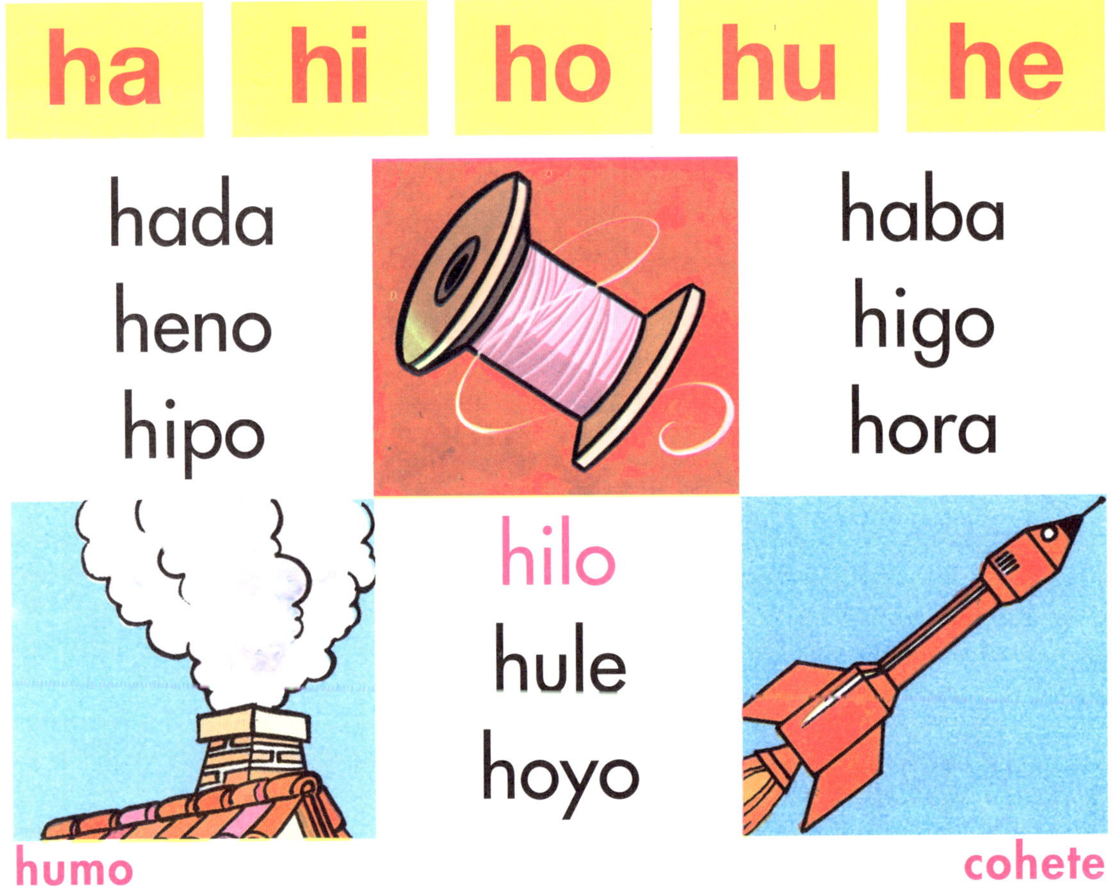

Hugo come su helado.

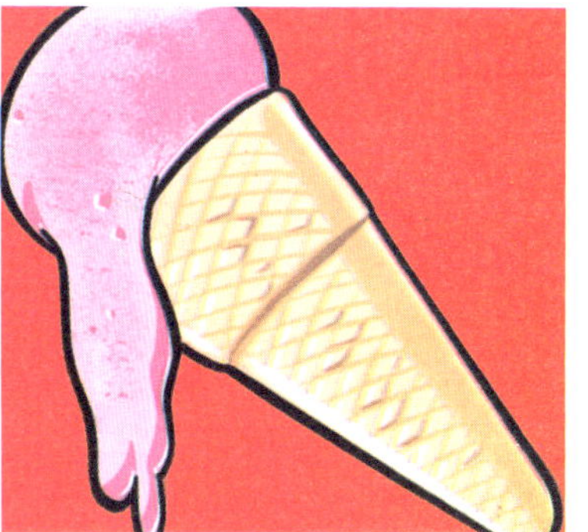

búho *harina* *helado*

sale humo de la casa

He comido de esa harina.
Mi hada come ese higo.
Ha roto la hamaca, señorita.

De la higuera cayó
herido, mi patito
y ahora come y come
helado de higo.

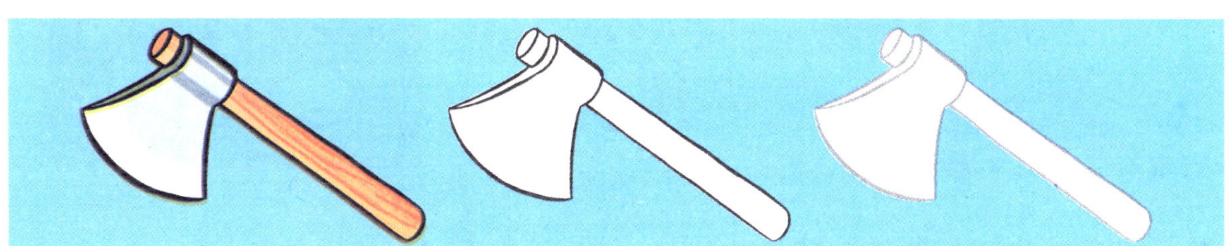

foto

fo fa fe fu fi

foto
fila
foco

rifa
búfalo
café

faro
felino
filete

foca

búfalo

Felipe leyó una **fábula**.

farola *teléfono* *cafetera*

no fumo tabaco fino

Se rifa una bonita foto.
Tu tocayo sale de la fila.
Papá fuma y toma café.

Papá fuma pipa,
pero se fatiga;
mi tío no fuma
y no se fatiga.

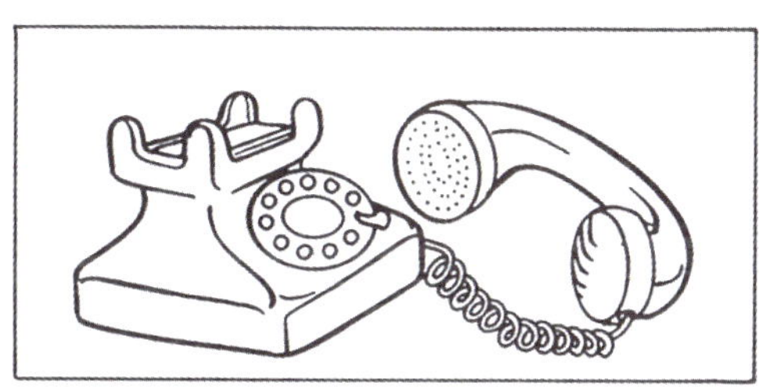

jirafa

ja ju ji jo je gi ge

jirafa
jugo
joya

jefe
gema
jarra

jaco

gitano
gemelo
jinete

jarra

José baja la caja de lata.

conejo pájaro caja

la araña teje su tela

Mi burro come forraje.
La gitana teje la lana.
Mi jefe mira la gema.

Gitanita, gitanita,
baja de la torre,
te dare una joya:
mi caja de oro,

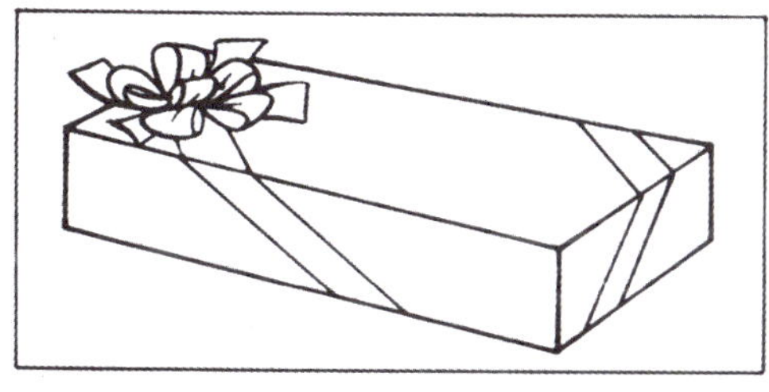

zorro

zo zu za ci ce

zorro
zumo
cerro

loza
lazo
tiza

cereza
cecina
ceniza

pozo

zapato

Cirilo hace zumo de cereza.

pececito mazo cacerola

una taza de loza fina

Dale una cereza a la zorra.
Mi vecina toma cebada.
Sale ceniza de la cocina.

Ese mozo
cazó una zorra,
la bajó del cerro
y se subió sola.

llama

lla llo llu lle lli

llama
llaga
llana

rollo
bulla
calle

pollo
sello
silla

llave

gallo

Anita lleva la llave a casa.

gallina

ballena

caballo

mi caballo va a la calle

Mi gallina come galleta.
Dame la llave de la cocina.
Mira mi cabello rizado.

Mi pollito va
de acá para allá.
Pío, pío, pío;
pío, pío, pa.

41	42	43	44	45
46	47	48	49	50

chivo

chi cha cho che chu

chivo
chino
chico

techo
leche
lucha

hacha

coche
noche
nicho

chino

Mi chivo derramó la leche.

chocolate choza cuchillo

la luna sale de noche

Papá toma mucho líquido.
Yo tomo leche de noche.
Aquella chica usa gorra.

Vaquita amiga:
come mucho heno
y llena mi cubo
de rica leche.

asno

as es is os us

asno
aspa
asco

poste
pasto
pista

cisne
cesta
susto

canasta

tijeras

A estela le gusta la moto.

pesca *castillo* *espejo*

es época de las cometas.

Nos veremos esta noche.
Lleva estos sacos rotos.
La peste mató mis aves.

Esta era una pastora,
de todos conocida;
pastaba sus ovejas
y velaba su rebaño.

ardilla

er ir or ur ar

arpa
urna
arco

corte
carta
curva

barco

cerdo
sordo
zurdo

tortuga

Jorgito firma la carta.

carta mar circo

mi collar estuvo perdido

Tu televisor es hermoso.
Yo como carne de cerdo.
Me gusta nadar y correr.

Mi barquita pesquera,
arponera de los mares,
pesca carpas y atunes,
corvinas y merluzas.

albañil

al ul ol el il

altar
alma
olmo

salto
selva
silbo

caracol

farol
hotel
misal

sal

Olga lee una revista

tonel

falda

el jilguero come alpiste

Lleva el bulto al mercado.
Dame una hoja de papel.
El albañil tuvo la culpa.

Caña, cañita,
del cañaveral;
mi rana, ranita,
¿no está por acá?

51	52	53	54	55
56	57	58	59	60

indio

in on en an un

indio
ángel
once

punto
panza
pinza

bombero

bambi
bomba
bombo

naranja

Vicente sube a la montaña.

león *tambor* *canguro*

tengo un lindo patín

La mentira está mal.

Los niños están en fila.

Panchito se marcha al campo.

El gato y la gata
se van a casar
y no hacen la boda
por no tener pan.

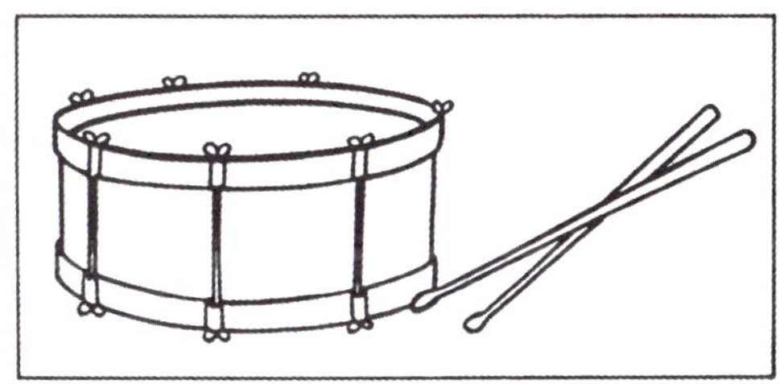

doctor

oc ec ic ex ix

doctor
lector
sector

sexto
mixto
texto

cacto

taxi
nexo
sexo

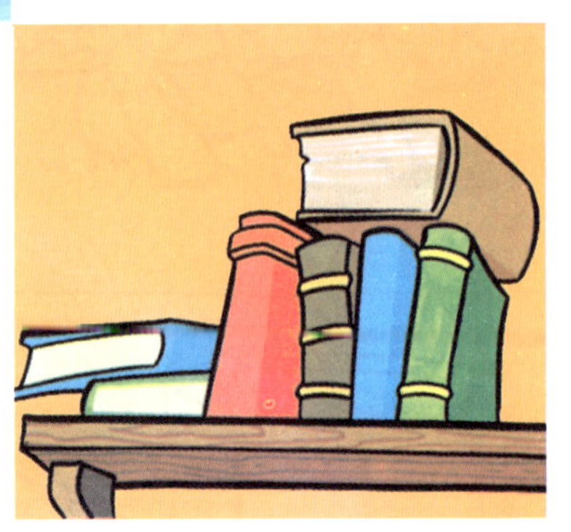

textos

Víctor dice la **verdad**.

reloj

insecto

mitad

la virtud es un tesoro

Tengo un reloj de pared.
No me asusta el examen.
Dame tu texto de lectura.

Calle, callecita;
calle, callejón;
calle usted la boca,
gallo rezongón.

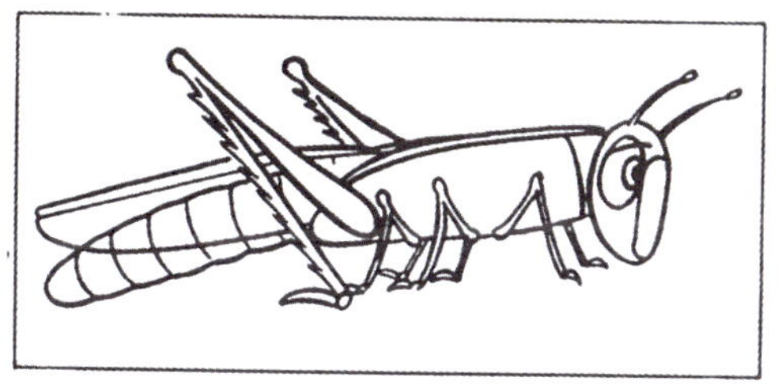

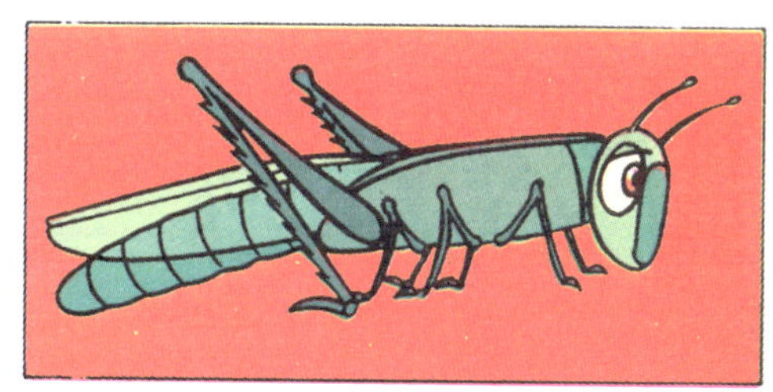

Sonia no tiene miedo.

gaviota *viejo* *canario*

la tierra es redonda

Toma un pedazo de hielo.
El doctor salió de viaje.
Yo quiero jugar contigo.

El mar es un cielo,
pero musical;
y Dios el pianista
del piano del mar.

61	62	63	64	65
66	67	68	69	70

hueso

ue ua ui uo

hueso
huevo
hueco

cuello
cuarto
cuota

9

nueve

rueda
ruedo
ruido

cigüeña

Juanito sirve buñuelos.

abuela paraguas fuego

el fuego deja cenizas

La rueda nueva hace ruido.
La cigüeña vuela al nido.
El niño guapo es risueño.

¡Ay tus suelas zapatero,
zapatero remendón;
ay tus suelas zapatero,
duran menos que el cartón!

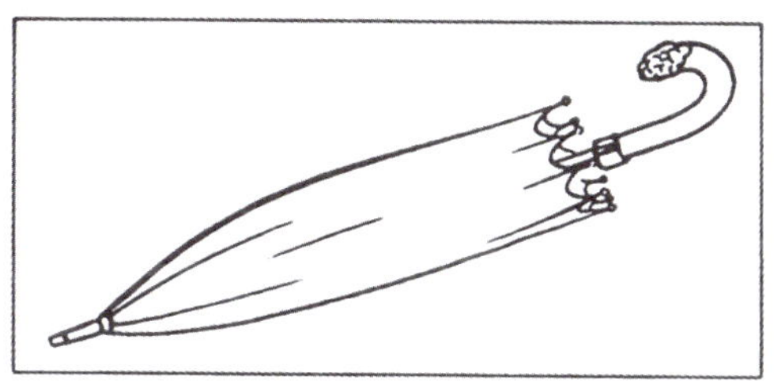

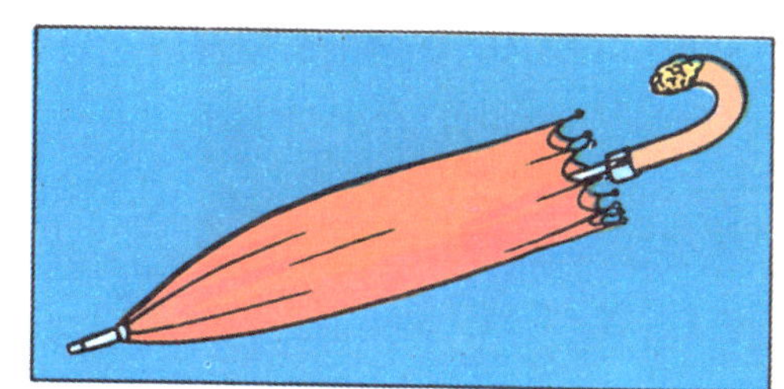

auto

au eu ai ei oi

auto
aula
autor

reina
reino
peine

jaula

baile
aire
vaina

peine

Jaimito pagó su deuda.

rey aula boina

hoy no voy al baile

Tengo un peine de carey.

Mi auto es de carreras.

Ese ruido es muy molesto.

La ardilla corre,
la ardilla vuela,
la ardilla salta,
como locuela.

plátano

pla ple pli plo plu

plátano
planeta
platero

plaza
pliegue
plomo

plaza

plumero
plomada
plegado

platillo

Plácido va a la playa.

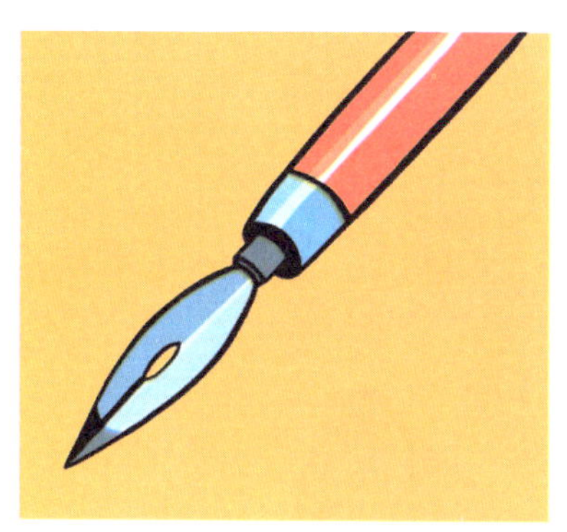

pluma

playa

plomada

hoy cumplo ocho años

La tierra es un planeta.
Tengo una pluma de plata.
En el colegio me aplico.

Tengo un canario,
que es un tesoro,
su pico es nácar,
sus plumas, oro.

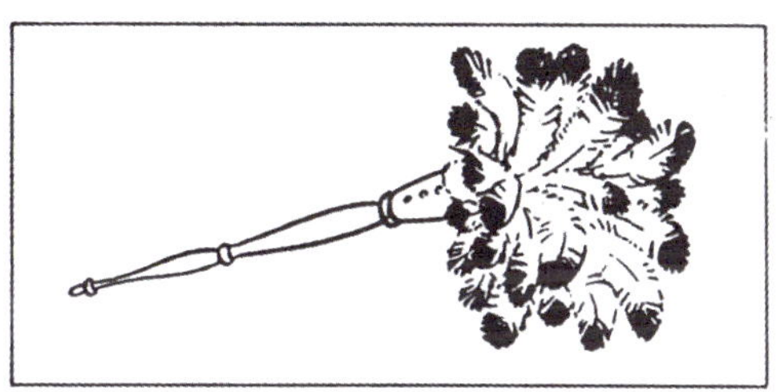

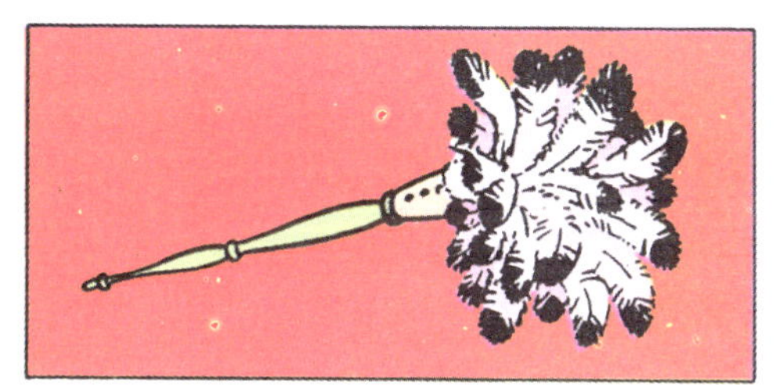

clarín

cla cle cli clo clu

clarín
clase
clavo

bucle
cloro
chicle

ancla

clavos
clavel
clima

teclado

Claudia quiere un clavel.

globo gladiador clavel

mi hermano toca el teclado

Mi regla es de plástico.
Globo: glo, gla, gli, glu, gle.
Los globitos son de colores.

Las claras campanas,
en sus claras mañanas,
su clara voz dan:
tintán y tintán.

71	72	73	74	75
76	77	78	79	80

blusa

blo blu bla ble bli

blusa
bloque
blasón

niebla
pueblo
blindado

tablero

roble
tabla
cable

sable

Pablo viene del establo.

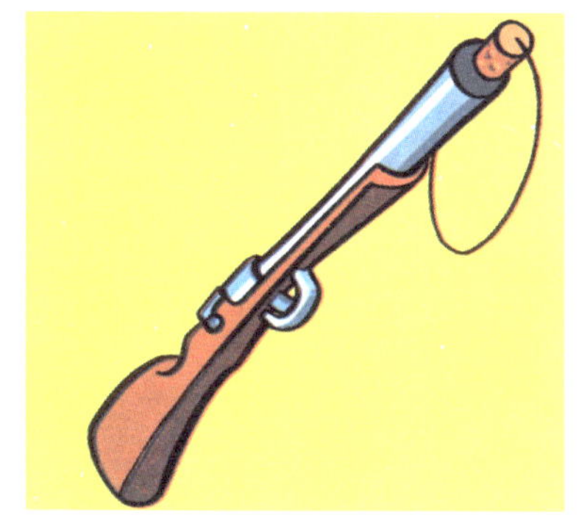

rifle *flauta* *flecha*

las flores son hermosas.

Vendo un rifle de verdad.
Flecha: fla, flo, fle, fli, flu.
Mi florero es de marfil.

Tengo una muñeca
vestida de azul,
zapatitos blancos
y blusa de tul.

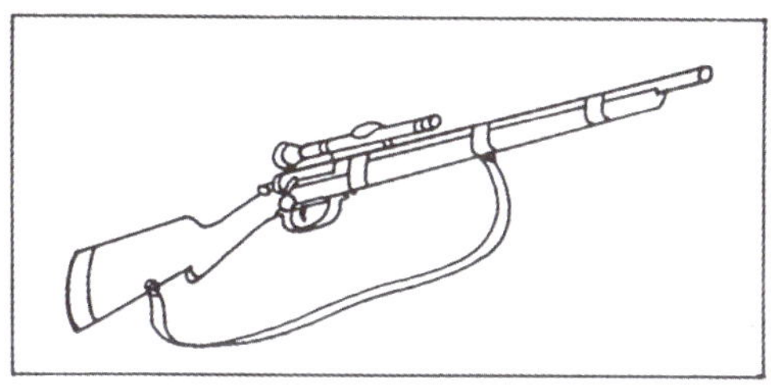

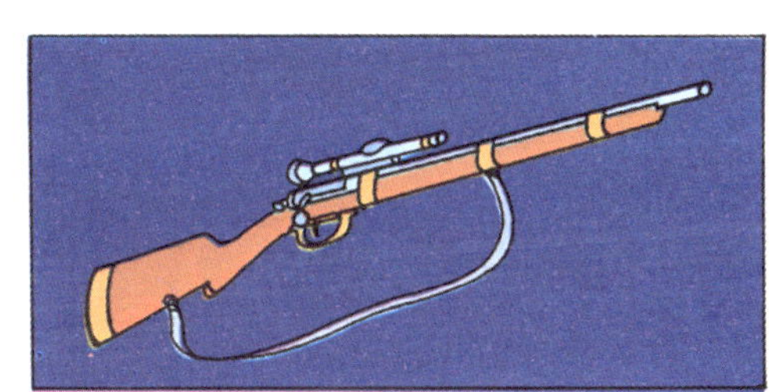

profesor

pro pre pra pri pru

profesor
primero
prudente

promesa
princesa
premio

proa

preso
prosa
prado

presumido

Paula no es presumida.

precio prado premio

prometo ser el primero

Mi primo ganó el premio.
He comprado un proyector.
En el prado pasta el ganado.

Juanito es el primero
de su clase en el estudio;
y, como premio merecido,
un juguete le han comprado.

grillo

gri gro gra gre gru

grillo
gruta
grasa

peligro
vinagre
milagro

tigre

cangrejo
regreso
lágrima

engrudo

Graciela es muy alegre.

lágrima grumete grifo

el grillo canta de noche

El juego produce alegría.
La grulla está en la gruta.
El gato negrito sube las gradas.

¡Que bello y alegre
está el palomar!
Negras palomitas
se oyen arrullar.

broma

bra bre bri bro bru

broma
brazo
brocha

hombre
hambre
hombro

libro

liebre
cabra
sobre

cabrito

Abre la ventana.

sombrero brocha hombre

mi sobrino es muy pobre

Ese hombre tiene hambre.
Un pobre tocó el timbre.
Veo la fábrica de sombreros.

A la orilla del río,
junto al encinar,
sus escamas de plata
hemos visto brillar.

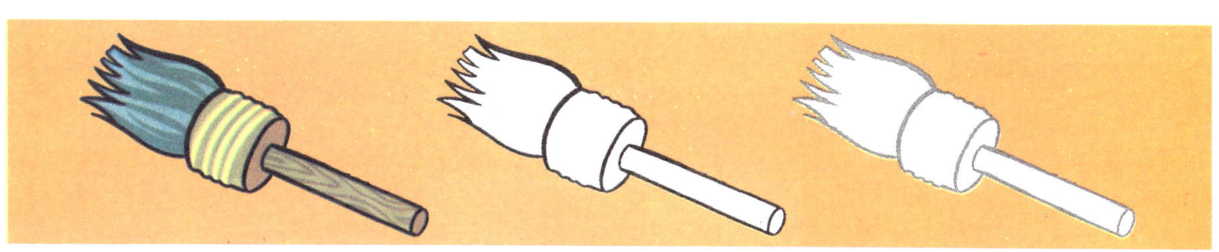

trineo

tro tru tra tre tri

trineo
trabajo
tribuna

4

patrono
patrulla
estrella

trigo

cuatro
postre
metro

retrato

Patricia sirve el postre.

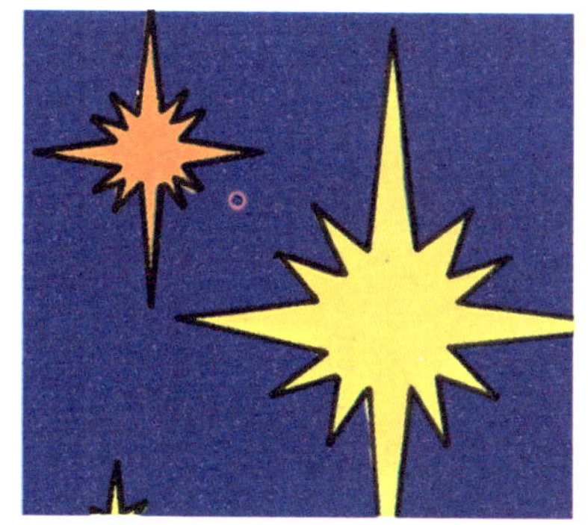

estrella

tractor

triciclo

hoy estreno mi traje nuevo

Mi primo usa traje negro.
Yo trabajo en el teatro.
El maestro está contento.

Cuatro esquinitas
tiene mi cama;
cuatro angelitos
que me la guardan

81	82	83	84	85
86	87	88	89	90

dragón

dra dre dri dro dru

dragón
drama
droga

madre
piedra
cuadro

fruta

cráter
crema
crudo

cocodrilo

Mi padre madruga para el trabajo.

cofre padre pedrito

la fruta está muy cara

Pedro trabaja mucho.
El jazmín es fragante.
Llegó la hora del recreo.

Madrecita mía,
madrecita tierna
déjame decirte
dulzuras extremas.

tren

El tren corre sobre rieles

tren
tres
cruz

blanco
plata
grande

flor

trompo
trampa
trenza

avestruz

Francisco lee la prensa.

frasco *tres* *plancha*

el ladrón logró escapar

El niño flojo no aprende.
Hago la señal de la cruz.
El tiro dio en el blanco.

Tres tigres tragaban
tres trozos de grasa,
y tres hombres miraban
con ganas de caza.

Este puente es de cemento

puente
puerto
puerta

lección
nación
pasión

buey

ciervo
pierna
viento

avión

Luis vigila la construcción.

seis *paraguas* *diez*

el buey ara la tierra

Mil gracias, buen maestro.
Ya cuento, leo y escribo.
Mi escuela está de fiesta.

Juan Pinto, sable al cinto,
contó de cuentos un ciento
y un chico dijo contento:
Cuánto cuento cuenta Pinto.

91	92	93	94	95
96	97	98	99	100

¡Ya sé leer!

¡Qué alegría!
¡Qué gran placer!
¡Viva la vida!
¡Ya sé leer!

Soy pequeñín
pero aprendí,
en poco tiempo,
todo este bien.

Que Dios bendiga
a mi maestro
para que siga
sembrando el bien.

Que por la vida,
siempre hallará
niños que anhelan
saber leer.

El burrito volador

Una mañana, Gauchito encontró dentro de una cueva un burrito con alas.

El Gauchito domó al burrito y lo montaba para pasear por la pampa.

Luego entrenó al burrito para participar en una gran carrera de caballos y disputar un gran premio.

Como nuestro burrito tenía alas, llegó el primero a la meta, ganando el premio de mil monedas y el aplauso del público.

Pompas de jabón

El viejo enano del bosque encontró un tarrito y una pipa, que habían dejado unos niños traviesos.

—¡Esos pícaros se han olvidado sus juguetes! —dijo el enano—. ¿Para qué servirá esto? —volvió a decirse.

Y cogiendo la pipa

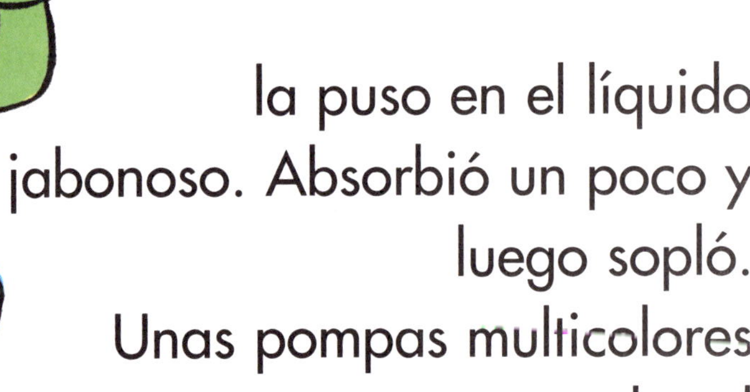

la puso en el líquido jabonoso. Absorbió un poco y luego sopló.

Unas pompas multicolores comenzaron a ascender al cielo.

La pintura y el dibujo

Mi hermanita Carolina quiso jugar a los pintores.

Como quería mucho a su perrito, se propuso dibujar su rostro.

Pinceladas por aquí y pinceladas por allá, por fin logró dibujar la cara alegre de su perrito.

«¡Yo pensé jugar», se dijo Carolina, «y me ha salido una obra de arte!»

La nieve

Pepe, Felipe y Andrés, los sobrinitos de Ramón, se fueron a la cumbre de la montaña a jugar con la nieve.

—Hagamos un muñeco— dijo Pepe.

Y los tres niños, juntando la nieve del suelo, formaron un gracioso muñeco.

Le hicieron dos huecos para figurar los ojos, le colocaron una larga nariz y en la boca le acomodaron una pipa.

¡Qué expresivo quedó el muñeco!

El trabajo

En el mundo todos trabajan. Trabaja el campesino cultivando la tierra.

Trabaja el médico curando a los enfermos.

Trabaja el maestro enseñando a los niños.

Trabajan los ricos y los pobres; los hombres y las mujeres.

Trabaja también tú para devolver a los demás el bien que recibes.

El mejor amigo

Pepito tiene un lindo libro de cuentos. ¡Qué alegría!

Fue regalo de tío Juan, que es muy amigo de los libros.

Tiene hermosas ilustraciones en colores y unas narraciones maravillosas.

Lleva el libro a todas partes y no se cansa de leer sus bonitos cuentos.

—¡No hay duda de que el libro es mi mejor amigo! —dice Pepito.

—¡Sí! ¡Te compraré otro!—dice su tío.

El reloj

—Buenos días,
amigo, soy el
reloj, el gran señor
del mundo.
Con mis brazos
mido el tiempo.
Mi brazo corto
marca las horas;
mi brazo largo
señala los minutos.
En este momento
son la una y veinticinco
minutos.

Hasta mañana
amigo.
—Hasta mañana,
amigo reloj.

Aprendí a leer

Feliz y contento,
aprendí a leer;
Silabario mío
¡qué bueno es
saber!

Terminan las clases
y el curso también;
Silabario mío,
¡no te olvidaré!